Vegane und vegetarische Brotaufstriche

Bildnachweis:

Fotolia: Cover und Seite 76
Philipp Weiß: Seite 14, 72
iStockphoto.com: Umschlagrückseite und Seite 3, 4 o., 5, 6, 11, 13, 18/19, 22, 26, 30, 34, 38, 44/45, 46, 48, 62, 68, 78, 82, 84, 86, 92
Kneipp-Verlag/Peter Barci: Seite 4 u., 52, 54, 56, 60, 66, 90, 94
Autorenfoto beigestellt

Impressum:

Autorin: Johanna Sederl
Lektorat: Kneipp-Verlag
Umschlaggestaltung: Christian Graf-Simpson
Grafische Gestaltung: Beatrix Kutschera
Technische Betreuung: Johann Kutschera
Druck: General Druckerei GmbH, Ungarn

www.kneippverlag.com
www.facebook.com/KneippVerlagWien

ISBN 978-3-7088-0582-5

1. Auflage, Februar 2013

JOHANNA SEDERL

Vegane und vegetarische Brotaufstriche

kneipp verlag
WIEN

Inhalt

»Dein Körper dankt es dir, denn er ist ein Teil von dir!«

Aufstriche selbst gemacht

Selbst gemachte Aufstriche bringen Abwechslung auf den Tisch und sind eine sehr gute Alternative zu herkömmlichen Brotbelagen, wie z. B. Wurst, Käse oder industriell gefertigte Aufstriche. Sie schmecken nicht nur gut, sondern werden frisch – und ganz nach dem eigenen Geschmack – zubereitet und liefern wertvolle Vitalstoffe, denn sie enthalten Vitamine, Mineralstoffe, Spurenelemente, Eiweiß, gute Fette und Kohlehydrate. Sie sind also ein wertvoller Bestandteil unserer Ernährung.

SELBST ZUBEREITETE AUFSTRICHE HABEN VIELE VORTEILE:

1. Aufstriche können sehr **abwechslungsreich** zubereitet werden. Hier sind der Kreativität keine Grenzen gesetzt.
2. Aufstriche enthalten – je nach Zutaten – **viele Vitalstoffe**, wie Mineralstoffe, Spurenelemente, Eiweiß, Kohlehydrate, gute Fette und sind somit auch gesund.
3. Aufstriche können ganz **individuell nach Vorliebe und Geschmack** zubereitet werden.
4. Es werden **keine Zusatzstoffe** verwendet, die vielleicht gesundheitsschädigend sind oder Allergien auslösen können.
5. Selbst hergestellte Aufstriche enthalten **gute Fette**, denn sie werden oft mit hochwertigen kalt gepressten Ölen zubereitet, deren ungesättigte Fettsäuren für den Körper essentiell sind.
6. Aufstriche dienen der **Resteverwertung**, denn bei mir kommen zum Beispiel Gemüsereste entweder in den Suppentopf oder in einen Aufstrich.
7. Selbst gemachte Aufstriche sind günstig und helfen **Geld sparen**.
8. Aufstriche, Aufstrichbrote lassen sich einfach in die Arbeit, in die Schule, in den Kindergarten, zum Ausflug **mitnehmen**.
9. Aufstriche sind **im Kühlschrank** – je nach Zutaten – **gut haltbar**, maximal rund 3–6 Tage.
10. Aufstriche können sehr **rasch zubereitet** werden. Sie sind daher auch ideal für unvorhergesehene Gäste.
11. Aufstriche bekommen durch Zugabe von frischen Kräutern, Keimen und Sprossen optisch und geschmacklich eine besondere Note.

Die Basis

Eine oder mehrere der folgenden Grundzutaten bilden die Grundmasse, die Basis eines Aufstrichs:

- Gemüse
- Obst
- Topfen (Quark),
- Frischkäse, Gervais
- Tofu
- Butter
- Hülsenfrüchte
- Getreide
- Kartoffeln

Die Geschmacksträger, Gewürze und Aromen

- Frische, gefrorene oder getrocknete Kräuter
- Zwiebel, Knoblauch
- Getrocknete Gewürze
- Nüsse
- Samen, wie Kürbiskerne, Leinsamen, Sonnenblumenkerne
- Milchprodukte, wie Sauerrahm (saure Sahne), Schlagobers (süße Sahne), Joghurt
- Sojacreme
- Kalt gepresste Öle, wie z. B. Lein-, Oliven-, Raps-, Walnuss-, Kürbiskernöl u. a.

Die Zubereitung

Aus den Grundzutaten wird eine dicke, streichfähige Masse bereitet, die die Basis für jeden Aufstrich darstellt.

So wird zum Beispiel Butter flaumig gerührt, Getreide gekocht und püriert, gekochte Kartoffeln werden gepresst oder gekochte Hülsenfrüchte passiert. Dazu kommen dann Kräuter, Öle, Gewürze, Nüsse u. a., um den gewünschten Geschmack und die gewünschte Konsistenz zu erhalten.

Selbst gemachte Aufstriche enthalten keine Zusatzstoffe und Haltbarmittel, weshalb sie auch nur begrenzt haltbar sind. Getreideaufstriche und gedämpftes Gemüse sind bis zu einer Woche im Kühlschrank haltbar. Aufstriche mit frischem Gemüse oder Obst sollten innerhalb von drei Tagen gegessen werden.

Die im Buch vorgestellten Rezepte können jederzeit ganz nach Belieben abgewandelt und variiert werden. Wichtig ist jedoch, dass eine Grundbasis, also eine streichfähige Masse gemacht wird. Danach kann jeder Aufstrich mit den diversen Gewürzen und Zutaten individuell gestaltet werden. Kreativität in der Küche macht Spaß und bietet eine nette Abwechslung im Alltag.

Vegetarische und vegane Aufstriche

Vegetarische Aufstriche

Eine sehr gute Alternative zu Wurst und Fleisch sind vegetarische Gerichte. Vegetarier essen zwar kein Fleisch und keine Wurst, wohl aber tierische Produkte, wie Topfen, Joghurt, Käse und Eier. Daher bieten sich als Aufstrichbasis Topfen (Quark), Frischkäse, Gervais, Butter und auch Eier an. Auch Hülsenfrüchte, Getreide, Kartoffeln und gegartes Gemüse sind eine tolle Basis, um herrliche vegetarische Aufstriche herzustellen.

Frisches, saisonales, biologisches Gemüse sind eine wertvolle Zutat für diverse Aufstriche. Sie haben nicht nur viele Mineralstoffe, sekundäre Pflanzenstoffe und Ballaststoffe, sondern bringen auch Farbe in den Aufstrich. Wir essen schließlich auch mit dem Auge, und vor allem Kinder lieben farbenfrohe Gerichte.

Für die verschiedenen Geschmacksvariationen verwende ich sehr gerne **frische Kräuter**. Im Winter kann man natürlich auch tiefgefrorene oder getrocknete Kräuter verwenden. **Nüsse und Saaten**, wie Leinsamen, Kürbiskerne, Sonnenblumenkerne, geben einen herrlich nussigen Geschmack und einem Aufstrich mehr Volumen. Außerdem liefern Nüsse und Saaten gute Fette, die wir für den Stoffwechsel und zum Beispiel auch für den Aufbau des Gehirns brauchen.

Ich verwende in meinen Rezepten sehr oft **kalt gepresste Öle**. Auch das sind »gute« bzw. »gesunde Fette«, die für unseren Körper sehr wichtig sind. Sie dienen zum Beispiel dem Zellaufbau, der Produktion der körpereigenen Botenstoffe, halten das Herz-Kreislauf-System gesund und senken den Cholesterinspiegel. Außerdem verleihen diese kalt gepressten Öle einem Aufstrich auch einen besonderen Geschmack (zum Beispiel Walnussöl oder Kürbiskernöl).

Vegane Aufstriche

Veganer essen kein tierisches Eiweiß, also keine Kuh-, Schaf- oder Ziegenmilchprodukte, keine Eier und natürlich auch kein Fleisch und keine Wurst. Daher brauchen Veganer pflanzliche Eiweißlieferanten. So sind Hülsenfrüchte eine sehr gute Alternative und gleichzeitig eine gute Basis für Aufstriche.

Hülsenfrüchte sind also wertvolle, pflanzliche Eiweißlieferanten, sie enthalten aber auch viele Mineralstoffe und Vitamine. Zu den Hülsenfrüchten zählen Bohnen, Linsen, Erbsen, Kichererbsen und Sojabohnen.

Getrocknete Hülsenfrüchte können lange trocken gelagert werden, zum Kochen gibt es allerdings ein paar Tipps:

1. Hülsenfrüchte vor der Verarbeitung verlesen und gut waschen.
2. Hülsenfrüchte über Nacht mit reichlich kaltem Wasser (3–4fache Wassermenge) einweichen.
3. Am nächsten Tag Hülsenfrüchte im Einweichwasser weichkochen.
4. Durch Beigabe von Kümmel, Koriander, Fenchel, Majoran, Thymian, Oregano werden sie bekömmlicher und schmecken herrlich.
5. Salz erst zum Schluss dazugeben!
6. Gekochte Hülsenfrüchte lassen sich im Kühlschrank mehrere Tage aufbewahren.

Ich koche immer eine größere Menge, die ich für verschiedene Gerichte verwende. Den Rest friere ich ein. Das spart Zeit und Geld.

Getreide ist eine wunderbare Basis für vegane oder vegetarische Aufstriche.

In meinen Rezepten verwende ich gerne Dinkel, Kamut, Grünkern und Hirse. Dinkel und Kamut wird grob geschrotet und mit Wasser und Gewürzen zu einer Aufstrichbasis gekocht. Getreideschrot bekommt man in Bioläden frisch geschrotet. Ich schrote mein Getreide allerdings selbst, denn ich besitze seit 20 Jahren eine Getreidemühle, die täglich in Betrieb ist und schon viele gute Dienste geleistet hat. Die Anschaffung einer Getreidemühle ist also durchaus zu überlegen. Es ist eine einmalige Investition, die sich rechnet.

Keime & Sprossen – frisches Gemüse von der Fensterbank

Am liebsten ziehe ich meine Keime und Sprossen im Winter. Dadurch habe ich stets frisches Gemüse und führe meinem Körper täglich Vitalstoffe zu. Außerdem schmecken Keime und Sprossen köstlich und sehen optisch toll aus, denn wir essen immer mit dem Auge!

Was lässt sich keimen?

Getreide, Samen und Hülsenfrüchte, wie z. B. Weizen, Dinkel, Roggen, Sonnenblumenkerne, Kresse, Radieschen- und Rucolasamen, Mungbohnen, Linsen, Kichererbsen …
Nicht geeignet sind: Nachtschattengewächse, wie Kartoffeln oder Tomaten, und bearbeitetes Getreide, wie geschälter Reis.
Wichtig ist, Keimgut aus ökologischem Anbau zu verwenden, wie es in Bioläden und Reformhäusern erhältlich ist.

Was passiert beim Keimen?

Durch Wasser, Wärme und Licht wachsen aus den Samen die Keimlinge. Dabei finden verschiedene Prozesse statt, bei denen sich die Inhaltsstoffe gegenüber dem Samen vermehren. So erhöhen sich zum Beispiel der Vitamin-C- und Vitamin-B1-Gehalt. Auch der Ballaststoff- und der Mineralstoffgehalt erhöhen sich, die Eiweißqualität (essentielle Aminosäuren) steigt, während der Fettgehalt sinkt.

Die wichtigsten Schritte beim Keimen

Verlesen (keimfähige Saaten) · Waschen · Ansetzen · Quellen · Waschen · Spülen · Ernten
Zum Keimen verwendet man am besten die im Fachhandel angebotenen Keimgläser. Ich habe die beste Erfahrung mit dem Sprossenglas-System von der Firma Eschenfelder (www.eschenfelder.de) gemacht.

Keimen im Glas

Für den Anfang können Sie auch ein mittleres Gurkenglas verwenden. Zum Abdecken nehmen Sie am besten ein Stück Stoff und ein Gummiband zum Fixieren.
Die Samen oder Keimlinge über Nacht in Wasser **einweichen**, in der Früh das Wasser abgießen, die Samen waschen und das Keimglas schräg auf den Kopf entweder in das Keimgläsergestell stellen oder anders fixieren, damit das restliche Wasser abfließen und die Luft gut zirkulieren kann. Das Keimglas nicht in die Sonne stellen. In der Praxis ist es von Vorteil, die Keimgläser in der Nähe eines Waschbeckens zu positionieren, damit das tägliche Spülen leichter von der Hand geht und Sie nicht darauf vergessen.
Die angesetzten Keimlinge müssen **zweimal täglich gut gespült** und feucht gehalten werden. Am besten machen Sie das in der Früh und am Abend.
Die **Keimzeit** dauert je nach Keimgut zwischen **3 und 6 Tagen** (Getreide 2–3 Tage, Kresse, Alfalfa, Rettich, Radischen u. a. 5–6 Tage). Wenn Sie Getreide keimen lassen, achten Sie darauf, dass der Keimling nicht länger wird als die Länge des entsprechenden Getreidekorns, da er sonst bitter werden kann.
Die fertigen Keimlinge in der Küche gleich weiterverwenden oder abgedeckt im Kühlschrank für mehrere Tage aufbewahren.
Angekeimte Mungbohnen (bei uns als Sojasprossen erhältlich) müssen vor dem Verzehr unbedingt kurz blanchiert werden, damit die darin enthaltenen Toxine zerstört werden. Blanchieren heißt: Sprossen ins kochende Wasser geben und 2–3 Minuten kochen. Danach das Wasser abseihen und die Sprossen mit kaltem Wasser kurz abspülen.
Übrigens: Angekeimte Hülsenfrüchte, wie Bohnen, Linsen, Kichererbsen, haben eine viel kürzere Kochzeit als nicht angekeimte Hülsenfrüchte und sind besser verdaulich!

Keimen mit einer Aufzuchtschale

Kresse und Alfalfasamen keime ich auf einem dafür geeigneten **Edelstahlsieb mit Keramikuntertasse**. So eine Aufzuchtschale erhalten Sie im Reformhaus oder in Bioläden.

1 EL Keimsaat (z. B. Kresse) auf dem Sieb verteilen. Sieb auf die Keramikschale setzen und mit Wasser gut bedeckt anfüllen, damit die Saat im Wasser steht. Es entsteht eine gelartige Masse.
Nach ca. 12 Stunden das Wasser wegschütten und die Saat auf dem Sieb immer wieder gut spülen. Es soll kein Wasser in der Schale sein. Achten Sie aber auch darauf, dass die Saat nicht austrocknet! Kresse braucht ca. 5–6 Tage, bis sie weiterverwendet werden kann.
Watte, Styropor oder Vlies als Unterlage für die Saat sind ungeeignet, da sich leicht unerwünschte Mikroorganismen ansiedeln können. Außerdem hat das Sieb den großen Vorteil, dass man den ganzen Keimling verwenden kann, also z .B. fertig gekeimte Kresse einfach herausziehen und weiterverwenden.

Verwendung in der Küche

Alle Sprossen sind roh essbar mit Ausnahme jener der Hülsenfrüchte, die vor dem Verzehr, wie bereits erwähnt, blanchiert werden müssen.

GESCHMACK DER KEIMLINGE

Scharf: Radischen, Rettich
Pikant: Linsen, Alfalfa
Süß-mild: Weizen, Roggen, Dinkel, Hafer
Nussig-süß: Sonnenblumenkerne, Kichererbsen, Sojabohnen

VERWENDUNG DER KEIMLINGE

Hülsenfrüchte, wie Bohnen, Linsen, Kichererbsen – für Aufstriche, bissfeste Eintöpfe, Gemüsegerichte
Dinkel, Hafer – für Aufstriche, Getreide-Gemüsepfannen, Müsli, Salate
Rettich, Alfalfa, Kresse – für Salate und Aufstriche
Saaten, wie Sonnenblumenkerne, Kürbiskerne – für Müsli, Aufstriche

Tägliche Mengenempfehlung: 2–3 EL/Tag/Person

Brot und Gebäck schnell auf den Tisch

Was passt am allerbesten zu selbst gemachten Aufstrichen? Richtig – selbst gebackenes Brot und Gebäck.

Brot und Gebäck kann man mit Sauerteig, Backferment, Hefe oder mit Weinsteinbackpulver herstellen. Sauerteigbrot braucht etwas mehr Zeit, ist aber sehr saftig und hält sich mehrere Tage frisch. Falls Sie gerne Brot selber backen wollen, Sie aber noch etwas unsicher sind, kontaktieren Sie mich einfach. Bei meinem Backworkshop können Sie lernen, wie man Sauerteigbrote und auch anderes Gebäck herstellen kann.

Meine zwei Blitzrezepte in diesem Buch können Sie aber sofort und ohne große Vorkenntnisse selber herstellen.

Ich verwende in meinen Rezepten immer frisch gemahlenes Vollkornmehl. Sie können natürlich auch Vollkornmehl aus dem Bioladen kaufen, doch bedenken Sie, dass Vollkornmehl aus dem Supermarkt schon mehrere Monate gelagert ist und dadurch viele Vitalstoffe verloren gegangen sind.

Zur Teiglockerung brauchen Sie entweder Weinsteinbackpulver oder Hefe. Der große Vorteil von Weinsteinbackpulver ist, dass man den Teig nicht gehen lassen muss. Ein Brot mit Weinsteinbackpulver kann in 60 Minuten fix und fertig gereicht werden.

Bei Hefegebäck dauert die Herstellung etwas länger, da ein Hefeteig unbedingt einmal gehen muss.

VORTEILE VON SELBST GEBACKENEM VOLLKORNGEBÄCK:

1. Frisch gemahlenes Vollkornmehl enthält nicht nur den Mehlkörper (Stärke), sondern auch den Keim und die Schale, die viele **Vitamine, Mineralstoffe, Eiweiß, gute Fette** und **Ballaststoffe** haben.
2. Die im Vollkornmehl enthaltenen Ballaststoffe regen die Verdauung an und wirken sich positiv auf den Cholesterinspiegel aus.
3. Vollkorngebäck ist in Bezug auf Diabetes gesundheitsfördernd.
4. Selbst gebackenes Brot enthält **keine Zusatzstoffe** wie im Gegensatz dazu Fertigbackmischungen.
5. Selberbacken ist **billiger**.
6. Beim Selberbacken kann man nach Belieben sein Gebäck selbst kreieren (Auswahl von Getreide, Saaten).
7. Selberbacken macht Spaß (Kinder lieben es!)!
8. Selbst gebackenes Brot ist ökologischer als industriell gefertigtes.
9. Vollkorngebäck **macht schneller und hält länger satt** als Gebäck aus Weiß- oder Auszugsmehl!

Auf den folgenden Seiten finden Sie zwei blitzschnelle, einfache Rezepte, nach denen Sie im Handumdrehen köstliches Gebäck auf den Tisch zaubern können.

Blitzbrot

ZUTATEN

für 1 Kastenform –
in 60 Minuten fertig!

- 400 g gemahlener Dinkel
- 100 g gemahlener Buchweizen
- 1 Packung Weinsteinbackpulver
- ½ l Wasser + 1 EL Apfelessig
- 2 EL Brotgewürz
- 1 TL Salz
- 2 EL kalt gepresstes Öl, wie Oliven- oder Rapsöl
- 1 Kastenform
- 1 Bogen Backpapier

ZUBEREITUNG

Alle Zutaten vermischen, das Wasser zum Schluss dazugeben und mit dem Mixer oder dem Kochlöffel gut verrühren. Es entsteht eine patzige Masse, die nicht geknetet werden kann. Die Masse in eine mit Backpapier ausgelegte Kastenform füllen. Bei Heißluft bei 200 °C 20 Minuten backen, danach auf 180 °C zurückschalten und weitere 20 Minuten fertig backen.

Stichprobe: Mit einer Nadel das Brot anstechen – wenn kein Teig kleben bleibt, ist das Brot fertig gebacken. Danach unbedingt auskühlen lassen.

Mein Tipp: Dieses Brot enthält keine Germ (Hefe) und ist daher für Menschen mit Hefeunverträglichkeit gut geeignet! Sie können statt Buchweizen natürlich auch ein anderes Getreide verwenden, z. B. Dinkel, dann haben Sie ein reines Dinkelbrot, oder gemahlene Hirse.

Vollkornweckerl

ZUTATEN

für 12–15 Stück

- 500 g Vollkornmehl (Dinkel oder Kamut)
- 1 Packung Trockengerm oder ½ Würfel frische Germ (Hefe)
- 1 Handvoll geschroteter Leinsamen
- 2 Handvoll gemahlene Walnüsse
- 2 TL Salz
- 1 TL Brotgewürz (kann auch weggelassen werden)
- ca. 300 ml warmes Wasser
- Saaten (wie Sesam, Sonnenblumenkerne, Leinsamen) zum Bestreuen

ZUBEREITUNG

Alle Zutaten zu einem Teig kneten, ca. 30 Minuten gehen lassen, nochmals kurz durchkneten. Danach Weckerl (Brötchen) formen und auf ein mit Backpapier belegtes Blech setzen.
Mit Wasser bestreichen und mit Saaten (Sesam, Sonnenblumenkerne, Leinsamen) bestreuen. Eine Schale Wasser in den Ofen stellen. Bei Heißluft bei 200 °C 20 Minuten backen.

Klopfprobe: Die Weckerl sind durchgebacken, wenn sie beim Klopfen auf der Unterseite hohl klingen.

Mein Tipp: Diese Weckerl lassen sich auch herrlich einfrieren. Wenn Sie die Weckerl auf Vorrat zubereiten und vor Gebrauch frisch aufbacken wollen, dann backen Sie die Weckerl nur zu zwei Drittel fertig und frieren sie nach dem Auskühlen gleich ein. Bei Bedarf das gefrorene Gebäck dann bei 200 °C fertig backen.
Das sind köstliche Sonntagsweckerl (Sonntagsbrötchen)!

VEGANE AUFSTRICHE

Apfel-Zwiebelschmalz

ZUTATEN

für 1 kleines Marmeladeglas

- 1 EL Kokosfett
- ½ Zwiebel
- ½ Apfel
- ½ TL Salz
- Pfeffer aus der Mühle
- 4 EL Kokosfett oder mehr
- 1 kleines Marmeladeglas

ZUBEREITUNG

Die Zwiebel schälen und fein hacken. Den Apfel waschen und fein raspeln. Das Kokosfett in einer Pfanne erhitzen, Zwiebel und Apfelraspel dazugeben und weich dünsten. Gut würzen. Restliches Kokosfett erwärmen und in das Marmeladeglas gießen, Apfel-Zwiebelgemisch einfüllen und gut verrühren. Masse erkalten lassen und immer wieder umrühren, damit sich die Apfel-Zwiebelmasse gut verteilt. Deckel aufschrauben und kalt stellen.

Die Masse lässt sich besser aufstreichen, wenn sie eine Weile vor dem Verzehr aus dem Kühlschrank genommen wird.

Mein Tipp: Dieser Aufstrich hält ca. 10 Tage im Kühlschrank und ist eine »g'sunde« Alternative zum beliebten Zwiebelschmalzbrot!

Bananen-Kokoscreme

ZUTATEN

für 4 Personen

- 2 Bananen
- 1 EL Zitronensaft
- 4 EL Kokosette
- 1 EL Erdnussmus (oder Mandelmus)

ZUBEREITUNG

Bananen schälen und mit der Gabel zerdrücken. Sogleich den Zitronensaft dazugeben und gut durchrühren. Die restlichen Zutaten dazugeben und gut verrühren.

Dieser Aufstrich soll frisch gegessen werden.

Mein Tipp: Kinder essen diese Creme sehr gerne mit Biskotten oder in einer Palatschinke (Pfannkuchen)!

Kräuteraufstrich mit frischen Keimlingen

ZUTATEN

für 4 Personen

- 250 g Tofu natur
- 1 Handvoll frische Kräuter (Basilikum, Schnittlauch, Petersilie)
- 3 EL Sojacreme
- 1 TL Salz
- 2 EL kalt gepresstes Öl (z. B. Olivenöl)
- frische Keimlinge, wie Radieschenkeimlinge oder Alfalfasprossen
- Zwiebelringe

ZUBEREITUNG

Tofu mit Mixstab pürieren. Kräuter waschen und klein schneiden. Tofu mit den Kräutern gut verrühren. Die restlichen Zutaten dazugeben, verrühren und abschmecken.

Mein Tipp: Wenn Sie frische Keimlinge, Zwiebelringe, Schafkäse und Gemüse nach Saison dazureichen, erhalten Sie ein vollwertiges Gericht. Guten Appetit!

Rote-Linsenaufstrich

ZUTATEN

für 4–6 Personen

- 150 g Rote Linsen
- 2 Knoblauchzehen
- 400 ml Wasser
- 1 kleines Stück Ingwer
- 1 TL Salz
- 1 TL Kumin (Kreuzkümmel)
- 1 TL Kerbelkraut
- 2 EL Petersilie
- 1 Spritzer Zitronensaft
- evtl. Cayennepfeffer

ZUBEREITUNG

Rote Linsen mit Knoblauch und Ingwer ca. 10 Minuten kochen, bis die Flüssigkeit weg und die Linsen schön weich sind. Nun die Linsenmasse pürieren und die restlichen Gewürze dazumengen. Gut abschmecken!

Mein Tipp: Sie können bei diesem Aufstrich natürlich die Gewürze variieren. Wenn Sie lieber eine italienische Note bevorzugen, dann verwenden Sie statt Kumin und Kerbelkraut einfach Oregano und Basilikum. Das schmeckt auch sehr interessant und gut!

Lauch-Mandelaufstrich

ZUTATEN

für 4–6 Personen

- 200 g pflanzliche Margarine vom Bioladen
- 2 EL kalt gepresstes Öl (z. B. Oliven- oder Mandelöl)
- 1 Stange fein geschnittener Lauch
- 100 g gemahlene Mandeln
- Meersalz
- Pfeffer aus der Mühle

ZUBEREITUNG

Margarine 10 Minuten mit dem Mixer oder in der Küchenmaschine flaumig rühren. Danach Lauch und Mandeln dazugeben und gut untermischen. Zum Schluss mit Salz und Pfeffer abschmecken.

Hält sich mehrere Tage im Kühlschrank.

Mein Tipp: Schmeckt herzhaft und kräftig und ist besonders gut auf frischem Vollkornbrot. Dieser Aufstrich ist auch ein köstlicher Zwiebelschmalzbrotersatz!

Sonnenblumenkernaufstrich

ZUTATEN

für 2–3 Personen

- 100 g Sonnenblumenkerne
- 70 g entsteinte Oliven
- 4 getrocknete Tomaten
- 5 EL Sonnenblumenöl
- 1 Knoblauchzehe
- etwas Salz
- frischer Pfeffer aus der Mühle

ZUBEREITUNG

Sonnenblumenkerne in einer heißen Pfanne ohne Fett rösten, bis sie aromatisch duften und leicht braun sind. Danach fein reiben. Getrocknete Tomaten und Oliven zerkleinern. Sonnenblumenkerne, Tomaten und Oliven mit Öl gut verrühren, bis eine Paste entsteht. Die restlichen Zutaten dazugeben und gut verrühren. Falls die Masse zu trocken ist, noch einen Schuss heißes Wasser dazugeben und verrühren.

Mein Tipp: Ich zerkleinere Saaten gerne mit einem elektrischen Zerkleinerer. Das geht rasch und problemlos. Damit habe ich auch die Tomaten und die Oliven für dieses Rezept zerkleinert.

Käferbohnenaufstrich

ZUTATEN

für 4–6 Personen

- 100 g rohe Käferbohnen (oder 300 g gekochte Käferbohnen)
- 1 TL Majoran
- 1 TL Thymian
- 2 Lorbeerblätter
- 1 kleine Zwiebel
- 2 Knoblauchzehen
- 2 EL Kokosöl
- 2 EL Tomatenmark
- 1 EL Basilikum
- 1 TL Salz
- Pfeffer
- 1 EL Sojasauce
- 1 Spritzer Zitronensaft
- frische Petersilie
- Kochwasser

ZUBEREITUNG

Käferbohnen in kaltem Wasser über Nacht (12 Stunden) einweichen. Am nächsten Tag Bohnen mit Majoran, Thymian, Lorbeerblatt und der 3–4fachen Wassermenge zum Kochen bringen. Bohnen kochen, bis sie weich sind (ca. 40 Minuten). Nicht salzen! In der Zwischenzeit Zwiebel schälen und fein schneiden. Knoblauch schälen und durch die Presse drücken. Zwiebel und Knoblauch in Kokosöl glasig andünsten. Die weich gekochten Bohnen abseihen, Kochwasser aufheben, und mit dem Mixstab gut pürieren. Anschließend mit Zwiebel und Knoblauch und allen restlichen Zutaten gut verrühren. Falls die Masse zu fest wird, noch etwas Kochwasser dazugeben, damit sich der Aufstrich gut streichen lässt.

Dieser Aufstrich hält im Kühlschrank mindestens 6 Tage.

Mein Tipp: Um Zeit zu sparen, kochen Sie die Bohnen schon am Vortag. Wenn Sie eine größere Menge Bohnen kochen, können Sie diese auch zu anderen köstlichen Gerichten weiterverarbeiten, z. B. zu einem Gemüse-Bohneneintopf!

Linsenaufstrich

ZUTATEN

für 4–6 Personen

- 100 g rohe braune Linsen (oder 300 g gekochte Linsen)
- 1 EL Majoran
- 1 EL Thymian
- 200 ml Gemüsebrühe (oder 200 ml Wasser und 1 TL Suppenwürze)
- 1 Zwiebel
- 4 Knoblauchzehen
- 2 EL gehackte Sonnenblumenkerne
- 1 EL Kräuter (Schnittlauch, Petersilie, Oregano, Majoran)
- Meersalz
- Pfeffer aus der Mühle
- etwas Zitronensaft

ZUBEREITUNG

Rohe Linsen über Nacht in kaltem Wasser einweichen, am nächsten Tag mit dem Einweichwasser, Majoran und Thymian zum Kochen bringen. Nicht salzen! Linsen ca. 45 Minuten kochen. Die Linsen sollen sehr weich sein. Eventuell, wenn notwendig, Wasser dazugeben. In der Zwischenzeit Zwiebel und Knoblauch schälen und fein hacken. Gemüsebrühe aufkochen und Zwiebel und Knoblauch darin dünsten. Nun die gekochten Linsen (ohne Kochwasser) pürieren. Kochwasser aufheben. Das gedünstete Zwiebel-Knoblauchgemisch unterrühren, Sonnenblumenkerne und die restlichen Gewürze untermischen. Gut mit Salz und Pfeffer abschmecken. Sollte der Aufstrich zu fest sein, etwas vom Kochwasser unterrühren.

Dieser Aufstrich hält sich bis zu einer Woche im Kühlschrank.

Mein Tipp: Wenn es schnell gehen soll, verwenden Sie braune Linsen aus der Dose. Spülen Sie die Linsen vor dem Weiterverarbeiten gut mit heißem Wasser ab.

Kichererbsenaufstrich

ZUTATEN

für 4–6 Personen

- 350 g Kichererbsen
- gemahlener Kreuzkümmel
- 2 EL Tahin (Sesampaste aus dem Bioladen)
- 4 EL kalt gepresstes Sesamöl
- Saft einer Zitrone
- 2 gepresste Knoblauchzehen
- Salz
- Pfeffer aus der Mühle
- etwas Chili

ZUBEREITUNG

Kichererbsen mit reichlich kaltem Wasser über Nacht einweichen. Am nächsten Tag gut durchspülen und mit reichlich frischem Wasser kochen (ca. 1 Stunde). Unbedingt kosten, ob sie weich sind und immer wieder darauf achten, dass genügend Wasser im Topf ist, damit sie nicht anbrennen. Bei Bedarf den Schaum abschöpfen. Wenn die Kichererbsen weich sind, abseihen und etwas Kochwasser beiseite stellen. Kichererbsen mit dem Mixstab oder im Mixer pürieren. Sesampaste und Öl dazugeben und nochmals pürieren. Danach die restlichen Zutaten untermischen, evtl. noch Kochwasser dazugeben und gut abschmecken.

Dieser Aufstrich ist im Kühlschrank mehrere Tage gut haltbar.

Mein Tipp: Kichererbsenaufstrich schmeckt auch köstlich als Gemüesdip. Ein Genuss!

Kichererbsen-Kürbiskernaufstrich

ZUTATEN

für 4–6 Personen

- 100 g Kichererbsen
- 3 EL Kürbiskernöl
- Saft einer halben Zitrone
- 1 TL Salz
- Pfeffer
- 2 Knoblauchzehen
- 3 EL gehackte Kürbiskerne
- etwas Kochwasser

ZUBEREITUNG

Kichererbsen über Nacht in reichlich kaltem Wasser einweichen. Am nächsten Tag abseihen und gut abspülen. Nun mit viel frischem Wasser kochen, bis sie weich sind (mind. 45 Minuten). Unbedingt kosten, ob sie weich sind und immer wieder darauf achten, dass genügend Wasser im Topf ist. Danach abseihen und das Kochwasser aufheben. Kichererbsen mit Mixstab pürieren und alle übrigen Zutaten dazugeben. Gut verrühren und abschmecken. So viel Kochwasser dazugeben, bis eine streichfähige Masse entstanden ist.

Mein Tipp: Wenn Sie die Kichererbsen drei Tage ankeimen lassen, verkürzt sich die Garzeit.
Dieser Aufstrich passt auch sehr gut als Dip! Dafür geben Sie einfach noch etwas mehr Kochwasser oder heißes Wasser dazu, bis die Masse entsprechend weich bzw. dickflüssig ist.

Kürbiskern-Tofuaufstrich

ZUTATEN

für 4 Personen

- 100 g Kürbiskerne
- 5 EL Kürbiskernöl
- 125 g Tofu natur
- 1 EL Sojasauce
- etwas Salz

ZUBEREITUNG

Kürbiskerne in einer heißen Pfanne ohne Fett rösten, bis sie leicht braun sind und ein herrliches Aroma aufsteigt. Danach fein reiben. Tofu mit Mixstab pürieren. Kürbiskerne mit Kürbiskernöl gut verrühren. Danach Tofu und Sojasauce dazugeben. Alle Zutaten zu einer Paste verarbeiten. Falls die Masse zu trocken ist, einen Schuss heißes Wasser dazugeben und glatt rühren. Eventuell noch nachsalzen.

Mein Tipp: Ich zerkleinere die Kürbiskerne mit einem elektrischen Zerkleinerer. Das ist eine Anschaffung, die sich auszahlt, denn ich habe dieses Gerät laufend in Verwendung, indem ich Saaten, Gemüse, Kräuter und vieles mehr in Nu zerkleinern kann.

Pikanter Räuchertofuaufstrich

ZUTATEN

für 4 Personen

- 125 g Räuchertofu
- 3 EL Sojacreme
- ½ kleine gehackte Zwiebel
- 1 EL Öl
- 3 TL getrocknete Kräuter (Oregano, Rosmarin, Thymian)
- 3 TL Tomatenmark
- etwas Meersalz
- 1 EL Schnittlauch
- evtl. etwas Chilipulver

ZUBEREITUNG

Räuchertofu in eine Schüssel geben und mit dem Mixstab pürieren. Sojacreme dazugeben. Klein geschnittene Zwiebel in Öl dünsten. Alle restlichen Zutaten mit den Zwiebelstückchen zum Räuchertofu geben und gut verrühren. Die Masse soll streichfähig sein. Wenn notwendig, noch etwas Sojacreme dazugeben.

Dieser Aufstrich ist mehrere Tage im Kühlschrank haltbar.

Mein Tipp: Verwenden Sie im Sommer statt der getrockneten Gewürze frische Kräuter aus dem Garten!

Frühlingskräuteraufstrich

ZUTATEN

für 4 Personen

- 250 g Tofu natur
- 1 Handvoll Frühlingskräuter (Bärlauch, Löwenzahn, Kerbelkraut, Schnittlauch, Petersilie)
- 3 EL Sojacreme
- 1 TL Salz
- 2 EL kalt gepresstes Öl (z. B. Olivenöl)

ZUBEREITUNG

Tofu mit Mixstab pürieren.
Kräuter waschen und klein schneiden.
Tofu mit den Kräutern gut verrühren.
Die restlichen Zutaten dazugeben, verrühren und abschmecken.

Mein Tipp: Sie können nach Lust und Laune anstatt Tofu natur auch Räuchertofu verwenden. Zwiebelringe bringen eine pikante Geschmacksnote aufs köstliche Aufstrichbrot.

Tofu-Paprikaaufstrich

ZUTATEN

für 4 Personen

125 g Räuchertofu

3 EL Sojacreme

½ grüner Paprika

Kräutersalz

1 EL Petersilie

ZUBEREITUNG

Räuchertofu aus der Packung nehmen, in eine Schüssel geben und mit dem Mixstab pürieren. Danach die Sojacreme unterrühren. Paprika waschen, abtrocknen, Kerne entfernen und kleinwürfelig schneiden. Petersilie waschen und fein hacken. Paprika und Petersilie unter die Tofumasse rühren und mit Kräutersalz abschmecken.

Dieser Aufstrich hält sich 3–4 Tage.

Mein Tipp: Versuchen Sie statt Räuchertofu auch andere Tofusorten, wie z. B. Chilitofu. Schmeckt etwas feurig!

Rote-Bohnenaufstrich

ZUTATEN

für 4 Personen

- 100 g rohe rote Bohnen (oder 300 g gekochte rote Bohnen)
- 1 TL Majoran
- 1 TL Thymian
- 3 Lorbeerblätter
- 3–4 EL kalt gepresstes Olivenöl
- 3 zerdrückte Knoblauchzehen
- 3–4 getrocknete, zerkleinerte Tomaten
- 2 EL Tomatenmark
- 1 EL Gewürze (Oregano, Rosmarin usw.)
- Meersalz
- Pfeffer aus der Mühle
- evtl. frische Kräuter (Basilikum, Oregano, Petersilie)

ZUBEREITUNG

Bohnen in reichlich kaltem Wasser über Nacht einweichen. Am nächsten Tag mit dem Einweichwasser ohne Salz kochen. Majoran, Thymian und Lorbeerblätter dazugeben. Wenn die Bohnen weich sind, abseihen und noch heiß mit dem Mixstab zu einer cremigen Masse pürieren. Anschließend die restlichen Zutaten untermengen. Zum Schluss gut abschmecken und mit frisch geschnittenen Kräutern verfeinern.

Dieser Aufstrich hält mehrere Tage im Kühlschrank.

Mein Tipp: Zur Abwechslung können Sie auch frische, würfelig geschnittene Tomaten dazugeben. Das schmeckt sehr erfrischend! Oder Sie verwenden statt Olivenöl ein anderes kalt gepresstes Öl, z. B. Kürbiskernöl oder Wallnussöl.

Maroni-Kokosblüten-Kakaozuckercreme

ZUTATEN

für 4 Personen

200 g gegarte und geschälte Maroni (gibt es bereits essfertig im Lebensmittelhandel)

6 EL Sojacreme

2 EL Kokosblüten-Kakaozucker »Gula Java Kakao« (Reformhaus)

ZUBEREITUNG

Maroni in eine Schüssel geben. Sojacreme dazugeben und mit dem Mixstab gut pürieren. Anschließend den Kokosblüten-Kakaozucker unterrühren. Fertig!

Mein Tipp: Schmeckt Kindern besonders gut! Sie können diesen Kokosblüten-Kakaozucker auch durch Vollrohrzucker und Kakaopulver ersetzen.

Tofuaufstrich italienisch

ZUTATEN

für 4 Personen

- 250 g Räuchertofu
- 6 getrocknete Tomaten
- 15 entsteinte schwarze Oliven
- 2 EL frischer Oregano und Basilikum
- 1 EL Zitronensaft
- 2 EL Olivenöl
- 4 EL Sojacreme
- Salz

ZUBEREITUNG

Räuchertofu zerkleinern und mit dem Mixstab pürieren. Tomaten und Oliven klein schneiden, Kräuter waschen und fein hacken. Alle Zutaten unter den Tofu rühren und mit Sojacreme verfeinern. Zum Schluss noch mit Meersalz abschmecken.

Dieser Aufstrich hält sich 3–4 Tage im Kühlschrank.

Mein Tipp: Sie können statt Räuchertofu auch Tofu natur verwenden. Da Naturtofu aber neutral schmeckt, wird das Ganze aromatischer, wenn Sie diesen Tofu mit Sojasauce und Knoblauch würzen. Dazu rühren Sie etwas Sojasauce und gepressten Knoblauch in den pürierten Tofu. Danach lassen Sie die Masse mindestens eine Stunde stehen, bevor Sie sie wie beschrieben weiterverarbeiten.

Dattel-Mandelmus

ZUTATEN

für 4 Personen

- 300 g entsteinte Datteln
- 1 EL Mandelmus (Reformhaus)
- 1 TL gemahlener Zimt
- evtl. geriebene Mandeln

ZUBEREITUNG

Die entsteinten Datteln zerkleinern und in eine Schüssel geben. Etwas warmes Wasser dazugeben und gut umrühren. Datteln über Nacht eingeweicht lassen. Am nächsten Tag mit dem Mixstab pürieren. Mandelmus und Zimt dazugeben und gut verrühren. Falls die Masse zu weich ist, noch geriebene Mandeln unterrühren.

Mein Tipp: Dieser süße Aufstrich passt herrlich auf ein Vollkorn-Butterbrot, und auch Weihnachtskekse lassen sich damit gut füllen! Erwachsene können zu diesem Aufstrich zur Geschmacksabrundung noch etwas Rum dazugeben.

Zwetschkenmarmelade

ZUTATEN

- 1 kg Zwetschken
- 1/8 l Wasser
- 300 ml Agavendicksaft
- 3 Zimtstangen
- ½ TL Nelkenpulver
- 1 EL Apfelpektin (Reformhaus)

ZUBEREITUNG

Zwetschken waschen, entkernen und in einen großen Topf geben. Wasser, Agavendicksaft, Zimtstangen und Nelkenpulver dazugeben und aufkochen. Das Ganze ca. 10 Minuten köcheln lassen, bis die Masse dicker wird. In der Zwischenzeit Marmeladegläser und Deckel heiß ausspülen. Zimtrinden herausnehmen. Apfelpektin mit einem Schneebesen in die Masse einrühren und anschließend gleich mit dem Mixstab pürieren. Die fertige Marmelade noch eine Minute kochen lassen, dann heiß abfüllen und gut verschließen.

Diese Marmelade ist gut haltbar.

Mein Tipp: Sie können zum Süßen statt Agavendicksaft auch Vollrohrzucker verwenden.
Zwetschkenmarmelade schmeckt herrlich auf frischem Vollkornbrot oder im Frühstücksbrei als Süßungsmittel.

VEGETARISCHE AUFSTRICHE

Aufstrich nach »Liptauer Art«

ZUTATEN

für 4 Personen

- 250 g Topfen (Quark)
- ½ Zwiebel
- 3 Essiggurkerl (Gewürzgurken)
- 1 TL Salz
- ½ TL Kümmel
- 1 TL Paprikapulver
- 1 EL Schnittlauch
- evtl. 1 eingelegter Pfefferoni oder etwas gemahlener Chili

ZUBEREITUNG

Zwiebel schälen und klein schneiden, Gurkerl fein hacken, Schnittlauch waschen und ebenfalls klein schneiden. Alle Zutaten gut miteinander verrühren. Wer seinen Liptauer gerne etwas schärfer möchte, der kann noch einen klein geschnittenen Pfefferoni oder etwas gemahlenen Chili daruntermischen.

Mein Tipp: Schmeckt auch herrlich mit frischem grünem Paprika oder kleinwürfelig geschnittenen Tomaten! Probieren Sie auch einmal, den Topfen durch Brimsen (Frischkäse aus Schafmilch) zu ersetzen!

Frischkäse-Krenaufstrich mit Kresse

ZUTATEN

für 2–3 Personen

- 125 g Frischkäse
- 1 EL Sauerrahm (saure Sahne)
- 2 EL frisch geriebener Kren (Meerrettich)
- etwas Zitronensaft
- Kräutersalz
- Pfeffer
- frische Kresse

ZUBEREITUNG

Frischkäse mit Sauerrahm gut verrühren. Alle anderen Zutaten untermengen. Zum Schluss die frisch angekeimte Kresse klein schneiden und dazugeben. Etwas Kesse zur Dekoration aufheben und abschließend darüber verteilen.

Mein Tipp: Versuchen Sie es auch mit anderen Keimlingen, die Sie nach Lust und Laune selbst ziehen. Macht Spaß!

Kräuterbutter

ZUTATEN

für 4 Personen

- 125 g weiche Butter (oder pflanzliche Margarine aus dem Reformhaus für eine vegane Zubereitung)
- 1/6 l kalt gepresstes Öl (Olivenöl, Sonnenblumenöl)
- 1 EL Kräutersalz
- etwas Zitronensaft
- 4 EL gehackte frische Kräuter (z. B. Petersilie, Zitronenmelisse, Oregano, Basilikum, Kerbelkraut)

ZUBEREITUNG

Die weiche Butter in eine Schüssel geben und mit dem Mixer oder der Küchenmaschine auf großer Stufe rühren. Nach und nach Öl, Salz und Zitronensaft dazugeben und mindestens 10 Minuten weitermixen. Zum Schluss die frischen Kräuter untermengen. Durch das beigemengte Öl wird dieser Butteraufstrich so richtig flaumig.

Mein Tipp: Kräuterbutter einfach aufs Brot oder portionsweise einfrieren. Passt auch herrlich zu gegrilltem Fleisch oder Gemüse!

Tomaten-Basilikumbutter

ZUTATEN

für 4 Personen

- 125 g weiche Butter (oder pflanzliche Margarine aus dem Reformhaus für eine vegane Zubereitung)
- 2 EL kalt gepresstes Olivenöl
- 4 Stück Tomaten
- 1–2 EL frisches Basilikum
- 1 TL Salz
- Pfeffer aus der Mühle

ZUBEREITUNG

Butter und Öl ca. 10 Minuten schaumig rühren. Je länger man rührt, desto flaumiger wird der Aufstrich. Tomaten halbieren, die Kerne mit einem Löffel herauskratzen. Die Kerne kann man für eine Gemüsesuppe weiterverwenden. Tomaten in Würfel schneiden. Basilikum waschen und klein schneiden. Alle Zutaten vorsichtig unter das Butter-Ölgemisch heben. Nicht mehr mixen! Gut abschmecken.

Mein Tipp: Diese köstliche Gemüsebutter schmeckt nicht nur auf frischem Vollkornbrot, sondern auch zu Gegrilltem!

Gorgonzolabutter

ZUTATEN

für 4 Personen

- 100 g weiche Butter
- 2 EL kalt gepresstes Walnussöl
- 50 g Gorgonzola
- 1 TL Zitronensaft
- evtl. frische Petersilie

ZUBEREITUNG

Butter und Öl flaumig rühren, danach den in kleine Stücke geschnittenen Gorgonzola und den Zitronensaft untermengen. Zum Schluss kurz mit dem Mixstab pürieren.

Mein Tipp: Dieser Aufstrich passt herrlich in Mürbteigtörtchen oder auf pikante Butterkekse.
Eine weitere Variationsmöglichkeit: Verwenden Sie Schafkäse statt Gorgonzola!

Grünkernaufstrich

ZUTATEN

für 4 Personen

- 100 g geschroteter Grünkern
- 250 ml Wasser
- 1 TL Suppenwürze
- 1 kleine Zwiebel
- 1 Knoblauchzehe
- 2 EL Sauerrahm (saure Sahne)
- 2 EL Gervais (oder 4 EL Sojacreme anstelle von Rahm und Gervais für eine vegane Zubereitung)
- 1 TL Senf
- ein Spritzer Zitronensaft
- 2 EL frische Kräuter (Majoran, Thymian, Petersilie)
- Meersalz
- frischer Pfeffer aus der Mühle

ZUBEREITUNG

Wasser, Suppenwürze und Grünkernschrot aufkochen lassen. Immer wieder mit einem Kochlöffel umrühren, bis die Masse klebrig ist und sich ein Belag auf dem Topfboden bildet. Das dauert ca. 5 Minuten. Anschließend die Herdplatte ausschalten, Deckel auf den Topf geben und das Ganze ca. 15 Minuten ausquellen und danach auskühlen lassen. In der Zwischenzeit Zwiebel sehr fein schneiden, Knoblauch pressen, Kräuter fein hacken und alle restlichen Zutaten unter die ausgekühlte Grünkernmasse mischen. Gut mixen. Pikant abschmecken.

Dieser Getreideaufstrich hält sich bis zu einer Woche im Kühlschrank.

Mein Tipp: Variieren Sie die Kräuter nach Belieben oder geben Sie zum Schluss noch etwas geriebenen Bergkäse dazu. Schmeckt sehr würzig!

Mischgemüseaufstrich

ZUTATEN

für 4 Personen

- 150 g tiefgefrorenes Mischgemüse (z. B. Erbsen-Karotten)
- 250 g Topfen oder Schaftopfen (Quark)
- 1 EL Olivenöl
- 1 TL Salz
- 1 Knoblauchzehe
- 1 TL Hefeflocken
- etwas Senf
- 1 EL Schnittlauch
- evtl. Pfeffer aus der Mühle

ZUBEREITUNG

Mischgemüse in wenig Salzwasser ca. 5 Minuten dünsten. Danach abseihen und erkalten lassen. In der Zwischenzeit Topfen mit Öl gut verrühren. Gemüse dazugeben und mit den restlichen Gewürzen abschmecken.

Dieser Aufstrich hält 4–5 Tage im Kühlschrank.

Mein Tipp: Sie können für diesen Aufstrich natürlich auch anders Tiefkühlgemüse oder auch frisches Gemüse verwenden.
Dazu passt herrlich frischer Rucolasalat.
Übrigens: Hefeflocken sind ein guter Geschmacksträger und enthalten viel Vitamin B.

Camembertaufstrich

ZUTATEN

für 4 Personen

- 150 g Camembert
- 50 g weiche Butter
- 3 EL Schlagobers (süße Sahne)
- 3 EL grob gehackte Walnüsse
- 1 EL kalt gepresstes Traubenkern- oder Walnussöl
- ½ TL Meersalz
- Pfeffer aus der Mühle

ZUBEREITUNG

Camembert mit dem Mixstab pürieren. Die Butter mit dem Traubenkernöl flaumig rühren. Den Camembert und die übrigen Zutaten mit dem Löffel untermengen.

Mein Tipp: Im Herbst reiche ich zu diesem köstlichen Aufstrich frische Weintrauben dazu!
Traubenkernöl ist ein überaus wertvolles Nahrungsmittel. Es enthält wichtige Antioxidantien und hat einen hohen Vitamin-E-Gehalt.

Frischkostaufstrich

ZUTATEN

für 4 Personen

- 250 g Topfen (Quark)
- ½ grüner Paprika
- 4 Radieschen
- 1 Karotte
- 2 EL Schnittlauch
- 1 TL Kräutersalz
- 1 EL Leinöl

ZUBEREITUNG

Gemüse waschen und putzen. Paprika würfelig schneiden, Karotte und Radieschen fein raffeln. Topfen gut verrühren, Gemüse dazugeben und mit den restlichen Gewürzen gut abschmecken.

Den Aufstrich am besten frisch zubereiten und gleich essen.

Mein Tipp: Dieser Aufstrich enthält durch das rohe Gemüse viele Ballaststoffe, sekundäre Pflanzenstoffe und Mineralstoffe, die unsere Gesundheit fördern!

Erdäpfelkas à la Johanna

ZUTATEN

für 6 Personen

- 300 g Erdäpfel (Kartoffeln)
- ½ Zwiebel
- 2 EL Sauerrahm (saure Sahne)
- 3 EL Topfen (Quark)
- 50 g grüner Paprika
- 50 g roter Paprika
- 1 TL Meersalz
- etwas gemahlener Kümmel
- Pfeffer aus der Mühle

ZUBEREITUNG

Erdäpfel kochen, noch heiß schälen und mit der Gabel zerdrücken oder durch die Erdäpfelpresse drücken. Paprika waschen, entkernen und kleinwürfelig schneiden. Zwiebel schälen und fein hacken. Alle Zutaten zu der Erdäpfelmasse geben und kurz unterheben. Gut abschmecken. Eventuell mit roten Paprikastreifen garnieren.

Den Aufstrich frisch essen!

Mein Tipp: Wenn Sie rohe Zwiebel nicht vertragen, geben Sie etwas Butterschmalz in eine Pfanne, lassen die Zwiebel glasig werden und mischen sie dann zu den restlichen Zutaten.

Kürbiskernaufstrich

ZUTATEN

für 4 Personen

- 50 g weiche Butter
- 250 g Topfen (Quark)
- 4 EL Kürbiskernöl
- 1 TL Salz
- 4 EL gehackte Kürbiskerne

ZUBEREITUNG

Butter und Kürbiskernöl flaumig rühren. Den Topfen dazugeben und weiterrühren. Zum Schluss die gehackten Kürbiskerne untermengen und salzen.

Mein Tipp: Dieser Aufstrich ist sehr flaumig.
Übrigens: Kürbiskerne stärken Blase und Prostata!

Gurke-Dilleaufstrich

ZUTATEN

für 4 Personen

- 125 g Topfen (Quark)
- 2 EL Naturjoghurt
- ½ frische Gurke
- 1 EL frische Dille
- Salz
- 1 EL Olivenöl
- evtl. 1 Knoblauchzehe

ZUBEREITUNG

Gurke kalt waschen – das Ende wegschneiden – und grob raspeln, anschließend mit etwas Meersalz einsalzen und ca. 10 Minuten stehen lassen.
In der Zwischenzeit Topfen, Joghurt und Olivenöl gut verrühren, Dille waschen und klein schneiden. Die eingesalzene Gurke gut ausdrücken, Salzwasser wegschütten und Gurke zur Topfenmasse geben. Eventuell nachsalzen, Kräuter dazugeben. Wer gerne Knoblauch hat, gibt noch eine gepresste Knoblauchzehe dazu. Fertig!

Frisch essen!

Mein Tipp: Passt auch sehr gut als Gemüsedip und ist sehr erfrischend!

Radieschen-Stangensellerieaufstich

ZUTATEN

für 4 Personen

- 125 g frischer Topfen (Quark)
- 2 EL Sauerrahm (saure Sahne)
- 8 gehackte Radieschen
- 2 EL würfelig geschnittener Stangensellerie
- 1 TL Kräutersalz
- 1 EL gehackte Petersilie
- 1 EL kalt gepresstes Leinöl

ZUBEREITUNG

Gemüse waschen, abtrocknen und zerkleinern. Topfen in eine Schüssel geben, die restlichen Zutaten und das klein geschnittene Gemüse dazugeben und mit einem Teigheber vorsichtig unterheben. Das Leinöl wertet den Aufstrich sehr auf. Es kann aber auch ein anderes kalt gepresstes Öl verwendet werden. Dann bekommt der Aufstrich im Geschmack eine andere Note.

Mein Tipp: Versuchen Sie es auch mit anderem Gemüse, z. B. mit Paprika und Karotten. Kreativität in der Küche macht Spaß. Also nur Mut und Bereitschaft für Neues!

Avocado-Tomatenaufstrich

ZUTATEN

für 4 Personen

1 reife Avocado

2 kleine Tomaten

100 g Doppelrahmfrischkäse

1 EL Basilikum

1 EL Schnittlauch

Salz

frisch gemahlener Pfeffer

etwas Zitronensaft

ZUBEREITUNG

Avocado schälen, entkernen, zerkleinern, in eine Schüssel geben und mit einer Gabel zerdrücken. Frischkäse dazugeben und gut verrühren. Tomaten waschen, abtrocknen und in kleine Würfel schneiden. Kräuter klein schneiden. Alle Zutaten vorsichtig unter die Avocadomasse heben. Gut mit Salz und Pfeffer abschmecken und am besten sofort essen.

Mein Tipp: Avocados enthalten viel Vitamin E und ungesättigte Fettsäuren. Verwenden Sie für den Aufstrich nur eine ganz reife Avocado. Ob die Avocado reif ist, erkennen Sie, wenn die Schale bei Druck leicht nachgibt. Falls sie noch zu hart ist, wickeln Sie sie zusammen mit einem Apfel in Zeitungspapier ein und lagern sie bei Zimmertemperatur. Damit wird der Reifungsprozess beschleunigt.

Hirse-Curryaufstrich

ZUTATEN

für 6 Personen

- 150 g Hirse
- 400 ml Wasser
- 1 TL Kräutersalz
- 1 Lorbeerblatt
- 1 kleine gehackte Zwiebel
- 1 kleiner geraffelter Apfel
- 1 TL Curry
- 1 EL Butter
- 50 ml Sojacreme
- Meersalz
- 1 EL gehackte Petersilie (frisch oder tiefgefroren)
- evtl. Alfalfasprossen und Radieschen zum Garnieren

ZUBEREITUNG

Wasser aufkochen, Hirse, Kräutersalz und Lorbeerblatt dazugeben und kurz umrühren. Abdecken und ca. 10 Minuten auf kleiner Flamme köcheln lassen. Danach Herdplatte ausschalten und ausquellen lassen. Inzwischen Zwiebel schälen und fein hacken, Apfel waschen, Kerngehäuse entfernen und grob raspeln. Butter in Pfanne erwärmen, Curry dazugeben, danach Zwiebel und Apfel darin weichdünsten. Die gekochte Hirse mit dem Mixstab pürieren. Das Zwiebel-Apfelgemisch mit dem Getreide, der Sojacreme und der Petersilie gut verrühren und abschmecken.
Dazu passen herrlich frisch angekeimte Sprossen, z. B. Alfalfasprossen.

Dieser Aufstrich hält sich bis zu einer Woche im Kühlschrank.

Mein Tipp: Wenn Sie in diese Masse ein Ei rühren und etwas Mehl dazugeben, können Sie daraus kleine Laibchen formen und im Backofen knusprig backen (siehe Bild). Dazu frischen Salat der Saison reichen! Das ist eine gute Alternative, wenn Sie nicht so viel vom Aufstrich brauchen.

Keimlingaufstrich mit Kräutern

ZUTATEN

für 4 Personen

- 100 g angekeimter Dinkel
- 250 g Topfen (Quark)
- 1 TL Salz
- 4 EL Kräuter (Schnittlauch, Petersilie, Dille, Melisse usw.)
- 1 TL Senf
- 1 EL Hefeflocken
- Pfeffer aus der Mühle

ZUBEREITUNG

Dinkel waschen und 3 Tage ankeimen (siehe Kap. »Keime & Sprossen«). Topfen gut verrühren. Kräuter waschen und fein hacken. Dinkelkeimlinge und die restlichen Zutaten untermengen. Gut abschmecken.

Frisch zubereitet gleich essen und gut kauen!

Mein Tipp: Dieser Aufstrich gehört in der Vollwerternährung zur Getreidefrischkost und hat einen sehr hohen Stellenwert. Ballaststoffe sorgen, wenn sie gut gekaut werden, für ein festes Zahnfleisch, sie reinigen die Zahnoberfläche, regen den Speichelfluss an und bewirken eine gute Darmmassage!

Hüttenkäseaufstrich

ZUTATEN

für 4 Personen

- 1 Packung Hüttenkäse (200 g)
- 25 g Gervais
- 1 EL kalt gepresstes Leinöl
- 50 g gelber Paprika
- 80 g Gurke
- 1 TL Kräutersalz
- 1–2 EL frische Kräuter (Schnittlauch, Zitronenmelisse, Dille usw.)
- etwas Senf

ZUBEREITUNG

Paprika und Gurke waschen und würfelig schneiden, Kräuter waschen und fein hacken. Hüttenkäse, Gervais und Leinöl gut verrühren, Gemüse und die restlichen Zutaten unterheben und mit etwas Senf verfeinern.

Diesen Aufstrich am besten frisch essen, da die Gurke nach einiger Zeit Wasser lässt.

Mein Tipp: Im Winter nimmt man getrocknete Kräuter und zur Abwechslung vielleicht auch einmal Lauch und Karotten als Gemüseeinlage!

Karotten-Apfel-Rohkostaufstrich

ZUTATEN

für 4 Personen

- 125 g frischer Topfen (Quark)
- 1 kleiner Apfel
- 1 Karotte
- 1 EL Sauerrahm (saure Sahne)
- 1 EL kalt gepresstes Öl
- etwas Zitronensaft
- Meersalz
- frisch gemahlener Pfeffer
- 1 EL Petersilie
- 1 EL Schnittlauch

ZUBEREITUNG

Topfen in eine Schüssel geben, Rahm unterrühren, Karotte und Apfel waschen, abtrocknen, Karotte fein, Apfel grob raffeln. Kräuter klein schneiden. Alle Zutaten vorsichtig unter den Rahm-Topfen heben.

Dieser Rohkostaufstrich soll frisch, also sobald als möglich gegessen werden.

Mein Tipp: Ideal aufs Jausenbrot oder als Frischkost-Vorspeise! Eine Vitaminbombe, die für mehr Vitalität im Alltag sorgt und auch Kindern schmeckt!

Karotten-Kraut-Rohkostaufstrich

ZUTATEN

für 4 Personen

- 250 g Topfen (Quark)
- 2 EL kalt gepresstes ÖL
- 50 g Karotten
- 50 g frisches Weißkraut (Weißkohl)
- 1 TL Kümmel
- 1 TL Kräutersalz
- 2 EL Schnittlauch
- 1 Spritzer Zitronensaft

ZUBEREITUNG

Topfen mit Öl flaumig rühren, Karotten und Kraut waschen und fein raspeln, Gemüse und restliche Zutaten dazugeben und verrühren.

Dieser Aufstrich hält sich 1–2 Tage im Kühlschrank frisch.

Mein Tipp: Variieren Sie das Gemüse nach Lust und Laune, versuchen Sie zum Beispiel einmal Zucchini und Kohlrabi. Die Zucchini dabei nach dem Raspeln gut ausdrücken, bevor Sie sie in den Aufstrich geben.

Rote-Rübenaufstrich

ZUTATEN

für 4 Personen

- 100 g Rote Rüben (Rote Bete)
- 1 EL Kren (Meerrettich)
- 1 TL Salz
- 1 TL gemahlener Kümmel
- 250 g Ricotta

ZUBEREITUNG

Rote Rüben waschen, schälen und fein raspeln. Kren putzen und fein reiben. Ricotta gut verrühren, Kümmel, Salz und Kren unterrühren. Rote Rüben lassen etwas Saft, daher die Roten Rüben mit der Hand ausdrücken und unter die Masse heben.

Dieser Aufstrich schmeckt frisch zubereitet am besten.

Mein Tipp: Den Saft, der durch das Ausdrücken der Roten Rüben entsteht, auffangen, mit Apfelsaft mischen und trinken! Schmeckt köstlich und bringt Vitalität! Wenn kein Ricotta vorhanden ist, verwenden Sie einfach Topfen (Quark).

Bärlauchaufstrich

ZUTATEN

für 4 Personen

- 250 g Topfen (Quark)
- 1 Handvoll frischer Bärlauch
- 2 EL Olivenöl
- 1 TL Meersalz

ZUBEREITUNG

Bärlauch waschen und grob hacken. Anschließend mit Olivenöl pürieren. Topfen und Salz dazugeben und alles nochmals kurz pürieren.

Dieser Aufstrich hält mindestens 3–4 Tage im Kühlschrank.

Der Geschmack des Bärlauchs wird nach 1–2 Tagen sogar noch intensiver.

Mein Tipp: Das ist ein köstlicher Frühlingsaufstrich! Sie können statt Bärlauch auch andere Frühlingskräuter verwenden, wie zum Beispiel junge, zarte Brennnessel- und Löwenzahnblätter. Dadurch bekommt dieser Aufstrich immer eine andere Geschmacksnote.

Kräutergervaisaufstrich

ZUTATEN

für 4 Personen

- 250 g Gervais
- 4 EL Joghurt
- 4 EL Kräuter (Schnittlauch, Petersilie usw.)
- 1 TL Kräutersalz
- etwas Kümmel

ZUBEREITUNG

Kräuter waschen und klein schneiden. Alle Zutaten gut miteinander verrühren. Fertig.

Mein Tipp: Im Winter können Sie für diesen Aufstrich natürlich auch tiefgefrorene Kräuter verwenden!

Hokkaidoaufstrich

ZUTATEN

für 4 Personen

- 200 g Hokkaidokürbis
- 2 EL Schaftopfen oder normaler Topfen
- 2 EL Kürbiskernöl
- 2 EL Kürbiskerne
- 1 TL Meersalz
- etwas Zitronensaft
- evtl. Cayennepfeffer
- etwas Schlagobers (süße Sahne)

ZUBEREITUNG

Hokkaidokürbis waschen – schälen nicht notwendig –, aufschneiden, entkernen und in Streifen schneiden. Bei 200 °C im Backofen ca. 20 Minuten backen, bis er weich ist (Stichprobe mit einer Nadel). Danach in eine Schüssel geben und mit dem Mixstab pürieren. In der Zwischenzeit Kürbiskerne ohne Fett kurz anrösten und fein hacken. Alle Zutaten unter die Kürbismasse rühren. Mit Schlagobers noch etwas verfeinern.

Dieser Aufstrich schmeckt durch den Kürbis etwas süß und hält sich 3–4 Tage im Kühlschrank.

Mein Tipp: Sie können diesem Aufstrich durch etwas Curry und Koriander eine andere Note geben! Probieren Sie es einfach aus.

Beerenbutter

ZUTATEN

für 4 Personen

- 125 g weiche Butter (oder pflanzliche Margarine aus dem Reformhaus für eine vegane Zubereitung)
- 80 g frische Beeren (Himbeeren, Erdbeeren, Heidelbeeren)
- etwas echte Bourbon-Vanille
- Ahornsirup zum Süßen

ZUBEREITUNG

Die weiche Butter in eine Schüssel geben und mindestens 5 Minuten mit dem Mixer rühren, bis sie flaumig ist. Beeren pürieren, mit der Vanille zur Butter geben und unterheben. Zum Abschluss nach Belieben mit Ahornsirup süßen.

Hält sich 2–3 Tage im Kühlschrank.

Mein Tipp: Ich verwende im Winter gefrorene Beeren und lasse sie langsam auftauen. Danach püriere ich sie. Im Sommer gebe ich noch klein gehackte frische Minze dazu.

Basilikumbutter

ZUTATEN

für 4 Personen

- 125 g weiche Butter (oder pflanzliche Margarine aus dem Reformhaus für eine vegane Zubereitung)
- 1/16 l kalt gepresstes Leinöl (oder Leindotteröl)
- 1 EL Kräutersalz
- 3 EL gehacktes Basilikum
- 1 EL gehackte Zitronenmelisse oder Minze
- evtl. 1 zerdrückte Knoblauchzehe

ZUBEREITUNG

Die weiche Butter entweder in einer Schüssel mit dem Mixer oder mit der Küchenmaschine cremig rühren. Nach und nach das Leinöl dazugießen und mit dem Kräutersalz würzen. Die Masse mindestens 10 Minuten rühren, bis alles sehr flaumig wird. Zum Schluss kommen die gehackten Kräuter dazu.

Im Kühlschrank aufbewahren.

Mein Tipp: Ich verwende diese wertvolle Kräuterbutter auch zum Verfeinern von Tomatengerichten oder, wenn Gäste kommen, zum Füllen von Tomaten.
Leinöl ist ein wahrer Gesundbrunnen, denn es enthält wertvolle Omega-3-Fettsäuren, die für unser Herz und unseren Körper eine wichtige Rolle spielen.

Eiaufstrich

ZUTATEN

für 4 Personen

- 6 hart gekochte Eier
- 50 g weiche Butter
- 2 EL Olivenöl
- 60 g Gervais
- 1 TL Salz
- 1 TL Senf
- 3 EL Schnittlauch
- Pfeffer aus der Mühle

ZUBEREITUNG

Butter und Öl flaumig rühren, Eier schälen und mit der Gabel zerdrücken, Gervais und Eier zur Butter geben und verrühren, die übrigen Zutaten untermischen und gut abschmecken.

Mein Tipp: Curryliebhaber geben noch 1 TL Curry dazu. Schmeckt herrlich!

Wildkräutertopfen

ZUTATEN

für 6 Personen

- 4 EL Wildkräuter (Bärlauch, Brennnessel, Löwenzahn usw.)
- 4 EL Gartenkräuter (Petersilie, Schnittlauch, Basilikum, Kresse, Kerbel)
- 250 g frischer Topfen (Quark)
- 2–3 EL Naturjoghurt
- 1 kleine Zwiebel oder Frühlingszwiebel
- Kräutersalz
- 1 TL Paprikapulver
- 2 EL kalt gepresstes Öl (z. B. Leinöl, Olivenöl)
- evtl. ½ grüner Paprika

ZUBEREITUNG

Kräuter waschen, mit Küchenrolle abtrocknen und klein schneiden. Zwiebel kleinwürfelig schneiden, Topfen mit Joghurt verrühren, Zwiebel, Kräuter und restliche Zutaten unterrühren. Nach Wunsch würfelig geschnittenen Paprika dazugeben.

Mein Tipp: Schmeckt herrlich auf selbst gebackenem Brot! Verwenden Sie jene Kräuter, die gerade Saison haben, z. B. Bärlauch im Frühling. Dadurch erhält Ihr Körper viele Vitalstoffe!

Schaffrischkäseaufstrich

ZUTATEN

für 4 Personen

- 250 g Schaffrischkäse
- 2 EL Kürbiskernöl
- 3 EL gehackte, geröstete Kürbiskerne
- 1 TL Kräutersalz
- etwas gemahlener Kümmel
- 1 EL Schnittlauch

ZUBEREITUNG

Schaffrischkäse aus der Packung nehmen, das Wasser wegschütten. Die Kürbiskerne grob hacken und in einer heißen Pfanne ohne Öl kurz anrösten, bis das herrliche Aroma aufsteigt. Vorsicht, damit sie nicht verbrennen, denn das Rösten geht sehr schnell!
Frischkäse in eine Schüssel geben, die restlichen Zutaten dazugeben und vorsichtig mit einem Schneebesen unterheben.

Dieser Aufstrich ist sehr schnell zubereitet und soll nur kurz angerührt und frisch gegessen werden.

Mein Tipp: Versuchen Sie auch einmal, den Schafkäse durch Ziegen- oder Kuhmilchfrischkäse zu ersetzen!

Schaftopfenaufstrich

ZUTATEN

für 4 Personen

- 150 g Schaftopfen
- 1 EL Schafjoghurt
- 1 Karotte
- 50 g Zucchini
- ½ TL Kräutersalz
- 1 Knoblauchzehe
- 1 EL Schnittlauch
- 1 EL kalt gepresstes Leinöl

ZUBEREITUNG

Karotte und Zucchini waschen und fein raspeln, Schaftopfen mit Joghurt gut verrühren. Die Zucchini mit den Händen gut ausdrücken und mit der Karotte zum Topfen geben. Schnittlauch waschen und klein schneiden. Alle anderen Zutaten dazumengen und kurz umrühren.

Dieser Rohkostaufstrich soll in den nächsten 2–3 Tagen gegessen werden.

Mein Tipp: Sie können das Gemüse gerne nach Lust und Laune variieren – Gurke statt Zucchini oder Kürbis statt Karotte. Haben Sie Mut zur Kreativität in der Küche!

Melanzani-Schafkäseaufstrich

ZUTATEN

für 4 Personen

- 1 Melanzani (Aubergine)
- 150 g Schafkäse
- 2–3 Knoblauchzehen
- 1 EL kalt gepresstes Walnussöl
- 1 TL Kräutersalz
- 2 EL frisch gehackte Kräuter (Basilikum, Oregano, Thymian)

ZUBEREITUNG

Melanzani halbieren und mit der Schnittfläche nach unten auf ein mit Backpapier ausgelegtes Backblech legen. Bei 170 °C Heißluft 30 Minuten backen. Danach von der Melanzani die Haut abziehen. Melanzani, Schafkäse und Knoblauch mit einem Mixstab pürieren. Die restlichen Zutaten untermengen und gut abschmecken.

Dieser Aufstrich hält 3–4 Tage im Kühlschrank.

Mein Tipp: Dieser Aufstrich kann schnell in eine Grillsoße umgewandelt werden: In die Masse ein paar Esslöffel Joghurt einrühren. Fertig!

Sojasprossenaufstrich

ZUTATEN

für 4 Personen

- 100 g angekeimte Mungbohnen (»Sojasprossen«)
- 250 g Topfen (Quark)
- 2 EL Hanföl
- 1 TL Kräutersalz
- 1 Knoblauchzehe
- 3 EL geriebene Walnüsse
- 1 EL Schnittlauch

ZUBEREITUNG

2 EL keimfähige Mungbohnen im Keimglas ansetzen und keimen lassen (siehe Kap. »Keime & Sprossen«). Keimlinge blanchieren, d. h. in kochendes Wasser geben und 3 Minuten kochen. Danach sofort kalt abschrecken und in einem Sieb gut abtropfen lassen. Topfen mit Hanföl gut verrühren, gekeimte Bohnen und die restlichen Zutaten daruntermengen.

Mein Tipp: Wenn es schnell gehen soll, können Sie auch frische, bereits gekeimte »Sojasprossen« kaufen, doch aufs Blanchieren nicht vergessen!

Eierschwammerlaufstrich (Pfifferlingaufstrich)

ZUTATEN

für 4 Personen

- 200 g frische Eierschwammerl (Pfifferlinge)
- 2 Frühlingszwiebeln
- 1 EL Butter
- ½ TL Meersalz
- 250 g frischer Topfen (Quark)
- 2 EL gehackte Petersilie
- etwas Dille
- 1 EL Hefeflocken
- etwas Zitronensaft
- frisch gemahlener Pfeffer

ZUBEREITUNG

Eierschwammerl waschen und putzen. Zwiebel schälen und klein schneiden. Eierschwammerl und Zwiebel in Butter leicht rösten, bis das Wasser verdunstet ist, salzen und anschließend auskühlen lassen. Topfen gut verrühren, die Eierschwammerlmasse und die restlichen Zutaten gut unterrühren. Am besten frisch essen.

Dieser Aufstrich hält sich 3–4 Tage im Kühlschrank.

Mein Tipp: Versuchen Sie, die Eierschwammerl durch andere Pilze, wie Champignons, Austernpilze oder Steinpilze, zu ersetzen!

Sellerieaufstrich mit Nüssen

ZUTATEN

für 4 Personen

- 100 g Sellerieknolle
- 3 EL Sauerrahm (saure Sahne)
- 30 g Gervais
- 1 TL Meersalz
- 1 Handvoll Nüsse
- ½ Apfel
- 1 Spritzer Zitronensaft
- Pfeffer aus der Mühle
- 1 EL frische Petersilie

ZUBEREITUNG

Sauerrahm mit Gervais gut verrühren. Sellerie putzen und fein raffeln. Nüsse reiben. Apfel waschen und fein raffeln und gleich mit Zitronensaft beträufeln, damit sich der Apfel nicht verfärbt und braun wird. Alle Zutaten untermengen und gut verrühren. Zum Schluss die Petersilie dazugeben.